SUR
LES CRÉANCES

RÉCLAMÉES

DE LA FRANCE PAR LA RUSSIE

AU NOM

DU ROYAUME DE POLOGNE.

PAR

N. KUBALSKI.

(EXTRAIT DE LA XIXe LIVRAISON DU POLONAIS.)

PARIS.

JACQUES LEDOYEN, LIBRAIRE,

PALAIS-ROYAL, GALERIE D'ORLÉANS, N° 16.

1835.

TYPOGRAPHIE DE A. PINARD,
QUAI VOLTAIRE, 15, A PARIS.

LES CRÉANCES

RÉCLAMÉES DE LA FRANCE PAR LA RUSSIE

AU NOM DU ROYAUME DE POLOGNE.

Des journaux de Paris, en annonçant, il y a quelques mois, l'arrivée dans cette capitale du prince Lubecki, conseiller intime de la cour de Russie, ont affirmé que cet envoyé est chargé par sa cour de réclamer le paiement de sommes dont le royaume de Pologne se trouve créancier vis-à-vis de la France. Ils ont ajouté que le gouvernement russe se proposait d'employer ces fonds à la formation d'une nouvelle armée polonaise, dès que le recouvrement lui en serait assuré pour une époque déterminée.

Comme ces nouvelles occasionent de nombreux débats dans les feuilles publiques, et qu'elles donnent lieu à des inductions souvent erronnées, je crois devoir donner à ce sujet quelques renseignemens que je retrouve dans ma mémoire, et que j'ai recueillis pendant la durée de mes fonctions au ministère des finances du royaume de Pologne, avant sa dernière révolution. A ces éclaircissemens j'ajouterai un examen analytique des principes sur lesquels le gouvernement russe pourrait fonder ses réclamations.

Les réclamations que le royaume de Pologne serait en droit d'adresser à la France, ont leur origine dans le traité de Vienne, conclu en 1815, ainsi que dans les conventions qui en furent la suite. Elles seraient fondées sur les créances du trésor et des habitans du ci-devant duché de Varsovie, qui fut alors érigé en royaume de Pologne. Les titres qui constituent principalement ces créances sont :

1° Des bons échangés par le gouvernement du duché de Varsovie contre les sommes dites de Baïonne, confisquées à la Prusse, et cédées à ce duché en 1808, par l'empereur Napoléon, mais qui, en 1815, sont rentrées dans la propriété du gouvernement prussien.

2° Des avances et fournitures faites par le duché de Varsovie pour le compte du gouvernement français, de 1806 à 1813.

3° Des prétentions du royaume de Saxe envers la France, qui ont été cédées au royaume de Pologne à la suite des dernières liquidations avec ce pays.

Cependant, d'un autre côté, le royaume de Pologne se trouve grevé, vis-à-vis de la France, de certaines dettes. Elles résultent, pour la plupart, d'avances et de fournitures faites par le gouvernement français pour le compte du duché de Varsovie, et du droit que des citoyens français prétendent avoir aux revenus des biens qu'ils ont possédés dans ce pays, en vertu de donations faites par l'empereur Napoléon : car, quoique ces biens aient été confisqués en 1813, la jouissance des revenus n'en a pas moins été accordée à leurs anciens propriétaires jusqu'au 1ᵉʳ juin 1814.

Cet actif et ce passif, mis en balance, paraissaient établir le royaume de Pologne créancier de la France, comme on a pu s'en convaincre par l'examen des titres respectifs, qui, à l'effet d'opérer une liquidation définitive, ont été rassemblés par l'ancien ministère des finances en Pologne. Cette liquidation s'est trouvée suspendue, et c'était pour la continuer qu'en 1830, le même prince Lubecki, alors ministre des finances en Pologne, devait se rendre à Paris. Cette mission n'eut pas lieu à cause de la révolution de juillet.

Ainsi, comme on peut le voir, les créances polonaises,

qui, d'après les journaux, doivent être l'objet des réclamations du gouvernement russe, sont encore à déterminer. Par conséquent, le montant ne peut en être fixé avec précision, bien que d'après les titres dont nous avons parlé, on l'évaluât à vingt millions de francs.

Examinons maintenant les titres qui peuvent autoriser le gouvernement russe à négocier dans cette affaire avec le cabinet français, soit pour faire une liquidation, soit pour réclamer le paiement des créances qui en pourraient résulter en faveur du royaume de Pologne.

On sait que le traité de 1815, d'où les créances en question tirent leur origine diplomatique, a été conclu pendant le congrès de Vienne, par les puissances alors arbitres des destinées de l'Europe, et principalement par l'Angleterre, la France, l'Autriche, la Prusse et la Russie. On n'ignore pas non plus que ce traité n'a été jusqu'à ce jour remplacé par aucun autre. Conformément à sa teneur, le royaume de Pologne, formé du ci-devant duché de Varsovie, devait être uni à la Russie, tout en possédant une constitution et une administration distinctes. Ce traité, qui a autorisé l'empereur de Russie à prendre le titre de roi de Pologne, a garanti à tous les habitans de l'ancienne Pologne une représentation et des institutions nationales.

De là résulte que le gouvernement russe, voulant aujourd'hui négocier avec la France au sujet des créances du royaume de Pologne, est obligé de se fonder sur le même traité. Par conséquent, sa réclamaiton ne serait admissible qu'autant que toutes les conditions de ce traité auraient été remplies, et que l'autocrate se trouverait legitime représentant de la Pologne constituée en 1815.

Voyons maintenant jusqu'à quel point les obligations du traité de 1815 se trouvent remplies par l'empereur de Russie, soit envers le soi-disant royaume de Pologne, soit envers les autres provinces de l'ancienne Pologne, usurpées antérieurement par la Russie.

Vers la fin de 1830, une révolution éclata en Pologne, provoquée par la violation des lois fondamentales du pays, cette révolution a été reconnue par la diète polonaise comme nationale. L'empereur de Russie, au lieu d'obtempérer aux justes réclamations d'une nation entière, au lieu de garantir l'inviolabilité de ses promesses, se refusa à tout acte de justice et menaça d'écraser le pays avec ses armées. La diète alors prononça la déchéance des Romanof et proclama l'indépendance de toutes les parties de la Pologne qui relevaient de la Russie.

L'invasion des armées russes trouva une vive résistance non seulement dans l'armée et les citoyens du royaume de Pologne, mais encore dans les habitans de la Lithuanie, de la Volhynie, de la Podolie et de l'Ukraine, qui s'étaient levés spontanément pour se joindre à leurs frères. Les autres cours signataires du traité de 1815 se décidèrent à rester neutres dans cette lutte inégale; toutefois celles de France et d'Angleterre par leurs représentations au cabinet de Pétersbourg, exigèrent le maintien du statu-quo de 1815 de la Pologne, dont la réunion à la Russie était un arrangement européen subordonné à de certaines conditions. En conséquence, le roi des Français, lors de l'ouverture des chambres en 1831, ainsi que la chambre des députés dans son adresse en réponse au discours du trône, ont assuré solennellement *que la nationalité polonaise ne périrait pas*.

Peu de temps après, la chute de la Pologne, amenée par un excès de confiance dans les relations diplomatiques et la violation flagrante de la neutralité par la Prusse et l'Autriche, a montré au monde le peu de poids qu'il fallait attacher à ces paroles. Cependant, la diète, loin de révoquer la déchéance des Romanof et l'indépendance de la Pologne, qu'elle avait proclamées, prit au contraire la résolution de se réunir, même sur le sol étranger, dans un nombre de membres voulu par la loi. Ensuite un grand nombre de ces membres et de fonctionnaires civils et militaires ayant quitté le pays avec l'armée, la nation polonaise fut mise sous la protection des puissances qui ont garanti son existence.

Après la chute du gouvernement national en Pologne, l'autocrate, devenu maître du pays, y a introduit des changemens entièrement contraires aux obligations qu'il avait contractées. A la suite de ces changemens, le royaume de Pologne ayant perdu sa constitution, et, avec elle, toutes ses anciennes institutions, est devenue province russe placée sous un gouvernement militaire. Les habitans, privés des marques de leur nationalité, ont été déclarés *former avec les Russes une seule et même nation.* On s'est même mis en mesure de détruire tout ce qui tient à leur nationalité, soit par la prohibition de la langue polonaise dans les provinces de l'ancienne Pologne et l'abrogation des lois qui y étaient obligatoires depuis des siècles, soit par une foule d'actes plus barbares encore, sans être moins hostiles à la civilisation et à la dignité des peuples; déposer dans les déserts de la Sibérie, un nombre considérable de personnes de tout âge et de tout sexe, condamnées par les cours martiales ou même sans aucune formalité, malgré l'amnistie qui a été accordée plusieurs fois; transplanter des familles entières dans les stèpes du Caucase, pour les assujétir à un service militaire sans fin, c'est-à-dire à un éternel esclavage; enrôler toute la jeunesse dans les régimens russes employés la plupart en Asie, sans en excepter les anciens militaires dont les fils mêmes sont destinés à ce service; enlever les enfans mineurs pour les transporter en Russie, malgré la résistance de leurs parens; opprimer la religion catholique en diminuant de plus en plus le nombre des églises ainsi que celui des prêtres, en substituant à cette religion nationale la croyance dont l'autocrate s'est fait lui-même le chef; supprimer les instituts d'instruction publique et enlever des bibliothèques ainsi que d'autres collections scientifiques; confisquer des fortunes particulières, déshériter des successeurs légitimes, commettre enfin d'autres cruautés inouïes qu'il est impossible d'énumérer; tel est le spectacle que les barbares du Nord se sont cru le droit de donner à l'Europe du 19ᵉ siècle!!

Ces révoltantes atrocités avaient forcé les cabinets de Paris et de Londres à renouveler leurs représentations par la voie diplomatique, et comme la cour de Russie osa soutenir que le traité de 1815 n'était point violé, les mêmes cabinets ont protesté contre cette interprétation impudente.

Toutefois les cours d'Autriche et de Prusse, jetant le masque, s'unirent à celle de Russie, et parurent prendre un rôle actif dans cette coalition nouvelle. On en voit une preuve bien convaincante dans leur conduite à l'égard des sous-officiers et soldats polonais réfugiés dans ces pays : tous y ont été durement traités, et la plupart même forcés de rentrer sous le joug moscovite.

En 1832, la cause polonaise devint l'objet de quelques débats au parlement d'Angleterre. Ces débats, suivis de déclarations du ministère de cette nation, favorables à la Pologne, eurent pour résultat l'envoi d'un ambassadeur extraordinaire à Pétersbourg.

En France, la chambre des députés, réunie la même année, s'est également prononcée en faveur de la Pologne, dans son adresse au trône, qui se termine par ces paroles mémorables :

«Si la voix de la politique européenne, qui, nous en « avons la confiance, ne parlera pas toujours en vain, n'a « pu jusqu'à présent être écoutée, que dès aujourd'hui, du « moins, le cri de l'humanité soit entendu. »

En 1833, de nouveaux débats s'étant élevés au sujet de la Pologne dans la chambre des communes d'Angleterre, on y reconnut à l'unanimité que le nouvel état de cette nation était une violation manifeste du traité de Vienne. Le ministère, en partageant complétement cette manière de voir, ajouta encore pour l'appuyer; que le peuple polonais, *victime d'un crime politique*, sans exemple dans l'histoire, se trouve accablé de persécutions et de malheurs les moins mérités; que, conformément à la teneur et à l'esprit du traité de 1815, la Pologne, dans l'intérêt de toute l'Europe, devait être unie à la Russie, en vertu *de sa constitution, placée sous la sauve-garde du même traité;* qu'avant cette époque, les prétentions de la Russie envers la Pologne, ne se fondant *sur aucun droit, l'insurrection n'a pu délier* la première *des obligations créées par ce traité;* que l'Angleterre a protesté vivement contre toute autre interprétation dudit acte, et que la France a complétement partagé ses vues sur cette question, bien que l'Autriche et la Prusse aient été d'une opinion différente; qu'en conséquence, les puissances signataires du traité de 1815, ont le droit d'intervenir pour faire remplir les conditions qu'il renferme, mais qu'on n'a pas jugé à propos d'en faire un cas de guerre générale, dans l'intérêt même de la Pologne.

Plus tard, un des journaux de Pétersbourg s'est efforcé de combattre ces déclarations du ministère britannique, en soutenant tantôt que l'intervention de la France et de l'Angleterre, dans cette affaire, ne saurait être justifiable; tantôt que le traité de 1815 n'a pas éprouvé d'atteintes par suite des changemens opérés en Pologne.

Cependant le ministère français, dans sa réponse publiée par le Moniteur, ayant réfuté la thèse du publiciste russe, et cela par ses propres argumens, l'a établi en contradiction patente avec lui-même. Il s'est en outre réservé d'examiner, en temps et lieu, les questions de droit et de fait, pour mettre encore mieux à découvert toute la mauvaise foi du cabinet de Pétersbourg; et, en concluant que l'insurrection polonaise, fût-elle vraiment nationale ou simplement l'œuvre d'une minorité, n'a pu relever la Russie des obligations contractées envers ce pays, il termine ainsi :

«Nous ne vivons pas dans un siècle où la justice per-
«mette et la sagesse conseille à un gouvernement de pro-
«clamer une nation entière digne de châtiment, et d'user
«envers elle d'un *prétendu droit* de conquête que la civili-
«sation ne reconnaît plus, au moins dans ce sens. »

La chambre des députés français, réunie en 1834, loin d'oublier l'affaire dont il s'agit, a encore appelé dans deux adresses l'attention du gouvernement sur la Pologne. La première de ces adresses contient entre autres choses ce qui suit :

« La France, en sa qualité de partie dans les contrats «européens, a supporté et supporte encore, avec un rare « désintéressement, l'état de possession, si onéreusement « établi à son préjudice. Elle n'a fait aucun effort pour le « changer, mais, par cela même, elle n'a reconnu et ne « peut reconnaître à aucune puissance le droit de détruire « ou d'altérer sans elle ce qui a été établi avec son con- « cours, ou ce qui existe en vertu d'un consentement anté- « rieur, etc. La chambre des députés a l'assurance que le « gouvernement a *protesté* contre l'état actuel de la Polo- « gne, et qu'il réclamera toujours avec force et persévé- « rance en faveur de cette brave et malheureuse nation. »

Enfin la dernière adresse de cette chambre, après avoir fait mention de l'équilibre européen, ajoute positivement : que cet équilibre a été *gravement compromis par les atteintes portées à la nationalité polonaise.*

Cette fidèle et chronologique exposition prouve :

Que le royaume de Pologne, ainsi que d'autres parties de l'ancienne Pologne soumises à la Russie, se trouvent actuellement dans un état tout différent de celui que leur avait assigné le traité de 1815, acte qui constate les titres des créances dudit royaume envers la France ; que cette différence, résultat de la conduite astucieuse et contraire au droit des gens de l'empereur de Russie, n'est appuyée que par les cours d'Autriche et de Prusse, complices de la Russie dans le partage et l'asservissement de la Pologne ; que la France et l'Angleterre ayant protesté contre cet état de choses, il n'a pas et ne peut jamais avoir la moin- dre légalité ; qu'en conséquence, et vu la déchéance pro- noncée dernièrement par la diète polonaise contre l'auto- crate, celui-ci ayant cessé d'être roi de Pologne, a perdu le droit de représenter ce pays, et par là même la faculté de négocier avec la France au sujet de ses créances ; que de même les habitans de la Pologne n'étant plus sujets russes, conservent intacts leurs droits aux mêmes créances, et leurs titres primitifs ; que la marche des cabinets de Paris et de Londres, suivie jusqu'à ce jour dans les affaires de la Pologne, se trouve conforme aux vœux manifestés par les représentans de la France et de l'Angleterre, d'après l'avis desquels l'état actuel de la Pologne est incompatible avec la sûreté de l'Europe ; qu'ainsi le gouvernement français, en entamant aujourd'hui quelques négociations avec la Russie, relativement aux créances du royaume de Pologne, agirait non seulement contre son propre sentiment et contre les droits reconnus de ce dernier pays, mais encore contre le vœu de la nation française et l'intérêt général de l'Europe.

Admettons cependant que le gouvernement russe, en se croyant délié des obligations que lui avait imposées le traité de 1815, voulut fonder ses réclamations sur la possession du royaume de Pologne, et faire valoir à l'appui le projet d'y former de nouvelles troupes.

On a déjà prouvé plus haut que, hors du traité de 1815, la Russie n'a aucun droit sur la Pologne : donc la possession physique de ce pays n'a pu lui donner aucun droit, et d'autant moins que les dernières protestations des cabinets de Paris et de Londres, jointes à la déchéance prononcée antérieurement par la diète polonaise, ont enlevé à l'empereur de Russie tous les titres qu'il pouvait avoir par suite du même traité.

De là il résulte que la réclamation du cabinet de Pétersbourg ne serait pas mieux basée sur ce dernier motif, que sur les raisons données précédemment.

Quant à la destination des fonds en question, il est à remarquer d'abord que la nature et la propriété de ces fonds ne pouvant être connues avant une liquidation définitive avec la France, tout projet manifesté aujourd'hui à cet égard ne serait nullement admissible.

D'ailleurs la formation de nouvelles troupes en Pologne ne serait d'aucun intérêt pour ce pays, dans son état actuel, et des ouvertures faites à ce sujet, de la part de la Russie, prouveraient uniquement que le chef de cet état commence à reconnaître lui-même l'injustice qu'il avait commise en supprimant l'armée de la Pologne, ainsi que d'autres marques de la nationalité polonaise.

L'analyse que nous venons de faire nous semble démontrer suffisamment que la justice, la dignité de la France, ainsi que l'intérêt de toute l'Europe, s'opposent à ce que le gouvernement français entre en négociation quelconque avec le gouvernement russe, au sujet des créances polonaises, avant de régler définitivement les affaires de ce pays. Les mêmes raisons s'opposent encore plus fortement à toute convention dont le but serait de réaliser quelque partie de ces créances au profit de la Russie.

La retenue des fonds à provenir desdites créances pourrait même fournir au gouvernement français un moyen de plus pour assurer l'arrangement des affaires de la Pologne. Cette mesure donnerait en même temps quelques garanties aux réfugiés polonais victimes d'aussi grandes spoliations de la part de la Russie.

Au surplus, l'arrangement définitif des affaires de la Pologne pourra mettre ce pays dans une position différente de celle où il se trouvait précédemment vis-à-vis de la Russie. Dans ce cas, le dépositaire de sa propriété en serait responsable et devrait lui en tenir compte d'après les principes de droit et d'équité. Ainsi, les intérêts même de la France exigent des précautions qui garantissent sa responsabilité à l'égard des créances polonaises.

Soutenir le contraire, et attribuer au gouvernement russe le droit de réclamer la propriété de la Pologne, parce que son autorité dans ce pays se fonde sur une force brutale, ce serait plaider la cause de l'arbitraire et de l' pression. En effet, peut-on supposer quelque consentement soit de la part des victimes de cette force, privées de leur liberté, et par conséquent dans l'impuissance de se prononcer valablement à cet égard, soit de la part de ceux qui, plus heureux, étant parvenus à se réfugier sur le sol étranger, sont à l'abri de l'autorité du gouvernement russe, et ne dépendent de lui ni de droit, ni de fait?

Ces réfugiés ne sont-ils pas mieux placés que qui que ce soit, pour réclamer directement l'exécution des obligations du gouvernement français? et celui-ci ne pourrait-il pas s'arranger avec eux beaucoup plus facilement qu'avec celui qui se dit leur représentant et qui n'est qu'un usurpateur?

La réponse à ces questions paraît toute simple. Or, quant aux réfugiés qui habitent actuellement la France, il ne dépend que du gouvernement français de leur accorder la même faveur qu'aux habitans du pays, et de les admettre avec ceux-ci à faire valoir leurs créances devant des autorités compétentes. L'exercice de cette faveur pourrait, pour le moment, se borner à des prétentions personnelles, à la réclamation de dettes dont la France serait débitrice originelle. Du nombre de ces dernières, celles qui méritent sons doute une attention particulière, sont les pensions résultant de dotations, ainsi que celles qui, attachées à des décorations, ont été garanties aux militaires polonais par l'article 19 du traité de Paris du 5 avril 1814, article resté sans exécution jusqu'à ce jour.

On pourrait encore alléguer plusieurs raisons contre tout arrangement avec la Russie, et entre autres que les pensions garanties aux militaires polonais par le traité que nous venons de citer, loin d'être acquittées, étaient même contestées à leurs propriétaires, ainsi que le prouvent diverses réponses faites aux pétitionnaires; que d'autres prétentions des habitans du royaume de Pologne, depuis l'occupation de ce pays par l'armée russe, en 1813, restent encore à satisfaire, bien qu'on ait depuis long-temps réglé les liquidations relatives à cette époque avec l'Autriche et la Prusse, à la suite desquelles des sommes considérables ont été réalisées ; que ces circonstances, jointes à la conduite du gouvernement russe envers la Pologne, ne permettent plus d'avoir la moindre confiance dans les actes de ce gouvernement, qui a foulé aux pieds les droits les plus sacrés, et violé les obligations les plus solennelles ; que la forme du gouvernement russe, différente de toutes formes de gouvernement établies dans les pays civilisés, présente d'autant moins de garantie pour l'accomplissement des obligations, qu'il pourrait contracter, que son chef irresponsable, est au dessus de la loi, et que tous les pouvoirs de l'état, sans en excepter les pouvoirs judiciaire et ecclésiastique, relèvent exclusivement de lui.

Ainsi, il y a tout lieu d'espérer que les efforts des agens russes, au sujet des créances polonaises, resteront sans effet auprès du cabinet de Paris, tant que la Pologne restera dans son état actuel. Mais, quel est le moyen d'arranger les affaires de ce pays, pour que les obstacles que nous venons d'indiquer soient aplanis ?

Ici se présentent plusieurs questions politiques. Voici celles qui nous semblent être les plus graves :

1° Les derniers événemens ont prouvé de nouveau que l'autocrate, ennemi juré de toute liberté des peuples et destructeur de la civilisation, se considère lui-même comme absolu, autant à l'égard des nations avec lesquelles il traite, qu'envers celles qu'il subjugue et range par violence au nombre de ses peuples ; qu'il poursuit de plus en plus son système d'asservissement général, sous prétexte de vouloir arrêter la propagande révolutionnaire ; et que pour mieux réussir dans ce but ambitieux, il vient de s'unir aux souverains de Prusse et d'Autriche. Cette tendance liberticide des princes absolus permet-elle donc de compter sur quelques succès dans les négociations qu'on entamerait avec eux, soit en faveur de la Pologne, soit au profit d'un autre peuple jaloux de ses droits ? ou, en admettant cela, pourrait-on s'attendre à un fidèle accomplissement des stipulations qui seraient conclues à cet égard?

2° On sait bien que la neutralité que la France et l'Angleterre ont cru devoir garder dans la dernière lutte des Polonais, ayant préservé l'Europe d'une guerre générale, a donné naissance à une coalition des souverains absolus du nord, qui, devenus plus forts sous le rapport de leurs forces matérielles que les gouvernemens des autres pays constitutionnels, menacent ces derniers de plus en plus. Cette coalition ne tentera-t-elle pas enfin quelque coup contre les pays en question? et dans ce cas une guerre générale ne se présentera-t-elle pas pour ceux-ci comme moyen unique, mais peut-être tardif, d'éviter une dernière catastrophe?

Les limites imposées à notre écrit ne nous permettent pas d'entrer dans l'examen de ces questions importantes, ainsi que de celles qui en pourraient résulter.

En laissant donc cette tâche à des écrivains plus habiles, nous nous bornerons à citer quelques mots d'un auteur dont l'opinion dans les matières politiques est de grand poids.

Voici comment s'exprime l'auteur de l'*Esprit des Lois*, en parlant des guerres offensives :

« Les petites sociétés ont plus souvent le droit de faire
« la guerre que les grandes, parce qu'elles sont plus sou-
« vent dans le cas de craindre d'être détruites. »

FIN.

TYPOGRAPHIE DE A. PINARD, QUAI VOLTAIRE, N° 15, A PARIS.

rait-on s'attendre à un État [illegible] des griefs,
dans un pareil combat à cet égard ?

[illegible] les chutes [illegible] l'Islande et l'Is-
lande [illegible] gloire qui vient de se répandre dans la dernière lutte que
l'Islande a prise [illegible] à une guerre qu'elle [illegible]
a donné naissance à une [illegible] déclaration récente à l'égard des [illegible]
du sort, qui deviennent [illegible] sous le rapport de leurs
forces [illegible] que les provinces [illegible] ces autres pays
constitutionnels, menacent ces destins de plus en plus.
Cette addition ne laisse-t-elle pas subie quelque [illegible]
contre les pays en question ? et doit-[illegible] pas être géné-
général ne se présente-t-elle pas pour cela [illegible]
moyen unique, [illegible] l'éviter complètement
catastrophes ?

Les limites imposées à notre écrit ne nous permettent,
pas d'entrer [illegible] l'examen de ces questions [illegible],
ainsi que de celles qui en pourraient résulter.

En laissant donc cette idée et des écrivains plus habiles,
nous nous bornerons à citer quelques mots d'un auteur
dont l'opinion dans les matières politiques est du grand
poids.

Voici comment s'exprime [illegible] de l'Esprit des lois,
en parlant des guerres [illegible] :

« Les petites sociétés [illegible] le droit de faire
« la guerre que les grandes, [illegible] elles sont plus sou-
« vent dans le cas de crain[dre] d'être détruites. »